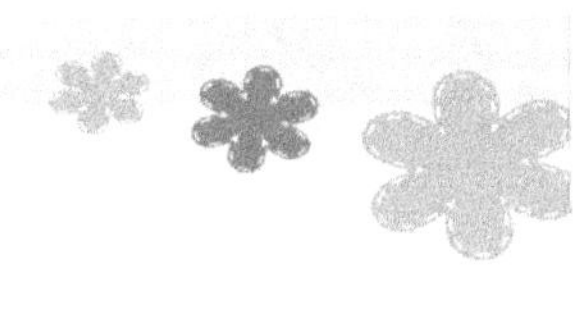

THIS BOOK BELONGS TO:

Copyright 2020
GRB Journals Publishing

I LOVE YOU
BECAUSE
YOU ARE

YOU ARE THE WORLD'S
BEST

I LOVE IT
WHEN YOU

I LOVE YOUR

YOU ARE MY

YOU LOVE IT
WHEN WE

YOU ARE MY
FAVORITE

YOU ARE A VERY GOOD

YOU ARE SUCH
A NICE

YOU ALWAYS
HELP ME TO

____

____

I LIKE IT
WHEN YOU COOK

I LOVE IT WHEN
YOU LET ME

YOU LOVE MY

YOU FORGAVE ME
WHEN I

IT'S SO FUNNY
WHEN YOU

YOU LOVE IT
WHEN I

YOUR ARE NOT AFRAID TO

YOU TOOK ME TO

YOU BOUGHT ME A

_ _ _ _ _ _ _ _ _ _ _ _ _ _ _

_ _ _ _ _ _ _ _ _ _ _ _ _ _ _

YOU TAUGHT ME HOW TO

YOU DIDN'T GET MAD WHEN I

____

____

YOU LISTENED TO ME WHEN I

____

____

YOU HAVE THE BEST

YOU ARE BETTER
THAN A

____

____

YOU ARE THERE WHEN I

YOU ARE
MY HERO BECAUSE

YOU ARE
THE BEST

MY FAVORITE
GIFT FROM YOU IS

____

____

I LAUGHED SO MUCH
WHEN YOU

IT'S SO FUNNY
WHEN YOU

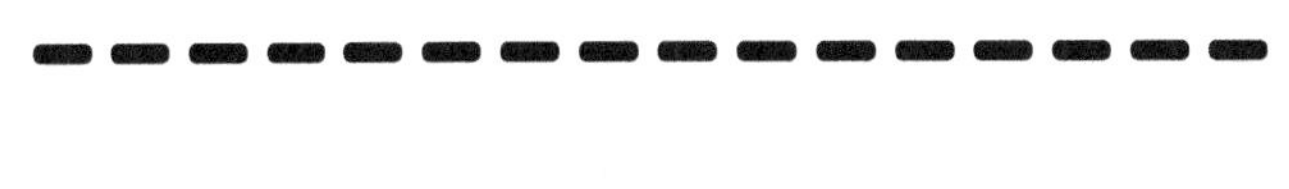

9 798644 153381